JN439820

풀잎의 흔들림이 내게 건너왔으니

임영숙 시집

문학의전당 시인선
0330

풀잎의 흔들림이 내게 건너왔으니

임영숙 시집

문학의전당

시인의 말

지금이라는 불멸과

영원이라는 결코 멈추지 않을 신화(神話)를

나는 사랑할 것이다.

2020년 9월
임영숙

차례

제2부

제3부

제4부

제1부

시

문자로 찍고 가는
흘러가는 문장들

행간에 기대서 그대 기록 펼쳐간다

한 칸씩 짚고 건너는

원고지 위
푸른 은하

꽃피다

엉겅퀴 한 송이
반란처럼 피었구나

뿌리에서 가시까지
기어이 밀고 올라온

돌올한
지난 일들이
울컥울컥 꽃이 된다

거울 달을 보며

깊어가는 가을밤 하늘을 올려다보면
작아졌다 커지는 거울 같은 하얀 달이
잊었던 추억 더불어
달무리로 다가온다

마주친 추억들에 마음이 설렌 나는
할 일도 접어두고 새도록 들여다본다
아득히 거울에 어리는
잊힌 얼굴, 얼굴들

뒤꿈치가 다 닳도록 혼자 달려온 먼 길
기억 속 언뜻언뜻 어린 시절 그 모습
그 밤에 맑은 얼굴로
내가 먼저 비춰본다

거짓비늘증후군
— 고장 난 조리개

눈앞이 안 보인다,
보이는 것만 보란 건가

열린 채 닫힌 두 눈 멍하니 앉은 시모(媤母)
한평생
희뿌연 안갯길
더듬어 걸어왔다

한 곳만 바라봐
먼 곳까지 자란 시선

닳은 코 신발을 자꾸만 고쳐 신고
서로를
바라보는 눈
눈빛 보며 걸었다

바람이 없어지면
순간 눈이 멀게 될까

이리저리 굴려보는 젖어 있는 눈동자
그윽한
동공을 열어
꿈의 구멍 그린다

어느 봄날

아침과 낮 사이 두 계절이 오고 갑니다

바람결은 겨울인데
햇살은 봄이지요

노오란 유채꽃밭 사이 그녀가 달려옵니다

해마다 사월이면 그녀를 만나는데요

황소 눈물 괸 마당 끝
노란 물로 허기진 얼굴

내 속에
아른대는 그날을

물끄러미 보고 섰다

벚꽃의 시간

아찔한 허공 속에 잠들지 않은 시간
폭죽처럼 터지듯 앞다퉈 밀고 나와
벙글어 만개한 만큼 환한 세상 열리고

벌들이 날개 저어 꽃으로 드는 동안
부르르 몸을 떠는 무언의 저 아우성
흰 꽃길 마을 밖까지 눈부시게 불 켰다

화르르 피고 짐이 꽃만의 생이겠는가
그리운 지난날이 영화처럼 겹쳐질 때
흔들려 꽃 진 그 자리 웃고 계신 어머니

발목꽃, 이울다

걷다가 헛디뎌 발목을 접질렸다
멍든 채 부어오른 발목을 들여다보며

눈길도
한번 못 받고
바닥부터 붉게 핀

왼쪽 발 딛지 못해 오른발로 걷고
그 무게를 지탱 못해 발목이 부어오르고

부은 발
뺏뺏해져서
자꾸만 쥐가 내린다

공평한 힘의 분배 깨어지듯 부실해지고
어혈이 풀리고 통증이 놓고 간 깨달음

숨죽여

있는 듯 없는 듯
서로서로 맞닿을 때

왼발을 감당하여 한 몸 되는 오른발
언제나 절뚝이며 함께한 멍든 맨발

내 안의
검은 소리를
귀 기울여 듣는 시간

차이

나를 떠난 너는 제부도를 전송했다
겨울 강에 굴절되는 흰 몸짓 노을을

문자를 기다리는 동안
물 주름이 출렁였다

전송된 화면 속 눈 울음을 검색했다
그곳의 뜨거움에 투명해진 소리와 나

이곳은 여름이 왔고
너는 겨울에 있었다

봄꽃

바람으로 피는 꽃 그대에게 홀렸다

갈무린 생각들이 게릴라처럼 날아들고

온종일
힘겹게 쏟아내는
계절이 놓친 그리움

투탕카멘처럼

— 지하철에서

사람들 지하도로 우르르 몰려든다
기다린 시간 앞에 전철이 들어오고

人人人
칸칸마다 줄 서
시간 속을 달려가는

목적지로 향해 가는 사각의 틀 칸칸마다
투탕카멘 모습처럼 양손 올린 곧은 자세

꼿꼿이
앞만 보고 선
발목들이 젖어 있다

빈틈없는 만원 칸에 수직으로 잠겨 선
가속의 흔들림에 두 팔이 포개지고

가슴이

울릴 때마다
눈동자가 흔들린다

일말의 의심을 막는 저 암묵적 몸부림
기원전 꿈을 향한 투탕카멘 알림인가

바람 속
재빠른 불빛이
가슴뼈를 긋고 간다

요가

물렁이는 살들이 단단해지는 시간 지나
출렁이던 것들이 탄력이 생기도록
아파트 문화센터에 나비들이 모여든다

몸을 활짝 열어봐,
숨을 편히 쉬어봐,
가슴을 열면 발밑까지 숨을 채울 수 있어
공중에 날아가는 새
고래 호흡을 상상해

힘이 쏠린 방향으로 아픈 몸이 기운다
몰린 시간 길수록 투쟁이 커지는 그곳
가만히
몸 맞추는 자리
긴 호흡을
보낸다

입속의 캐스터네츠

아버지의 틀니가 입속에서 움직이면
스물여덟 이빨은 고통의 캐스터네츠
직조된
윗니와 아랫니
음악은 살아있다

누대에 이어져 온 저작의 노동으로
하나 된 잇몸과 이빨은 말을 한다
달그락
살아있는 동안
씹고 또 씹어야지

음식을 거부하고 컵 속에 잠긴 시간
가만히 내려놓은 틀니를 바라볼 때
이제는
제 소명 다한 듯
기포 피워 올린다

빗살무늬 암호
— 손거울

가방 속 거울인 양 펼쳐본 손바닥
거울 속 내 마음을 살며시 비쳐본다

언제든
꺼내볼 수 있는
우물 속 거울 같은

암호같이 펼쳐진 어릴 적 기억이
사방으로 퍼진 선에 빗살로 그어 있다

손가락
위험한 협곡들
그 사이가 아찔하다

손바닥과 손등을 번갈아 들여다본다
서로 다른 방향으로 들어가고 나오고

이제는

지나온 길로

들여다본 내 얼굴

호모 SNS 손가락족

스읍 슥, 점자 읽듯 누르다가 지우다가, 몰입의 무아지경 전파그물 엮으며
손가락 스마트하게 수평 깊이 넓힌다

흙을 잔뜩 움켜쥔 뿌리를 흉내 내고 꽃잎을 잔뜩 매단 나뭇가지 흉내 내다
터치에 존재감 알리는 안부 톡톡 도착하지

불안의 그늘을 가면 뒤에 숨기고, 지하경 천의 고원 결집리좀 묶이는가
번짐과 엉킴의 형상 촘촘하게 닿아 있다

수없이 두드리면 새로운 이슈들이, 손쉽게 전시되고 빠르게 철거되는
한 방향 세상을 감으며, 손끝 결속 다진다

교실을 스캔하다

올해부터 수능에 스캔을 시작한다
고사장 곳곳마다 두려움 뒤로하고
스스슥 수험표부터 지문까지 스캔하지

행간이 사라진 숨 가쁜 문자들
기원을 숨긴 아이 기호를 알 수 없고
설화를 만들지 않은 그림 전설도 알 수 없다

뜻 숨긴 미로 위 숫자들의 두근거림
고민하던 점 하나도 남기면 안 되지
지우개 후회하는 자국 남기면 안 되지

아이들을 스캔하던 감독의 부라린 눈
흰빛이 빠져나간 눈자위가 까맣다
다초점 검은 점들을 또다시 찍어야지

소금쟁이 화법

마음으로 한 말은 깊숙이 스며든다
물 위를 걸어가는 표—면—장—력 추적자

일생을 말하고 다녀도
흔적 없는 저 화법

제2부

눈물驛

따갑게 쌓인 눈물
심장에 머뭅니다

눈두덩이 부어올라
눈물샘이 넘칩니다

때늦은
눈물驛 창구

야윈 별만
눈뜨고

기우뚱 서다

넘어지지 않으려면
기울 줄 알아야지

하루를 부여잡고
휘어지는 풀잎처럼

기우뚱
한 뼘 부력으로
다시 서는
오뚝이

달팽이의 청음

귓바퀴 감아 올린 묵직한 호른처럼
깊숙한 동굴 속에 소리 담는 달팽이관
휘어진 관 속을 채워 말아 올린 한소리

왼쪽 귀 달팽이관 미루나무 한 그루
하루는 새가 와서 지치도록 울다 갔다
새들의 언어를 두고
그림자가 출렁였지

빗속을 느릿느릿 걸어가는 느림보
이따금 삭제되며 사라지는 묵음들
생명선
더듬이 세워
고요 한껏 담는다

춤추는 자전거

서로의 지친 몸을 쇠사슬로 친친 감고
경비실 옆 자전거 어깨를 기대고 있다

아무도
들여다본 적 없는
차디찬 살갗들

전이되는 녹슨 살갗 쓰다듬고 보듬으며
굴리지 못하는 녹이 슨 바퀴살들

언덕도
쉬 넘어가던
먼 풍경이 그립다

아무도 앉지 않은 오랜 시간 기다림 끝
새 살림 장만하고 이삿짐 푼 거미 부부

안장에

손님을 맞이하네
부부는 춤을 추네

이식하는 봄

트럭에 실려 온 어리둥절 팬지꽃을
구로역 둥근 화분 옮겨 심는 시청 직원
새봄을 이식하는 중 손놀림이 부산하다

담벼락 맞은편엔 뿌리 뽑힌 꽃들이
어깨를 맞대고 흔들리며 서 있다
해고는 살인 행위다 근조기 손에 들고

확성기 울리며 삼월의 봄 확장하는
구로역 쌍용자동차 그늘진 담벼락에
앙상한 풀뿌리들은 안착할 땅 고른다

거리를 향하여 소리치는 목마름
육신이 쉴 수 있는 한 평짜리 안식처
다짐과 함성의 수액, 뿌리째 흔들리는 봄

거리 악사

신촌역 보도블록 위 피아노 치는 여자
발랄하게 걸어가는 발장단을 연주한다
그 곁에 홍얼거리는 발길 멈춘 청춘들

건반은 한 계절을 길 위에 놓인 채로
지나가는 바람을 잠시잠깐 불러세워
또 하루 바닥이 나도록 이야기 나누는데

악보 위를 지나가는 베토벤의 옷자락
그 겨울 찻집처럼 언제 여길 왔는지
내 가슴 설레임으로 르네상스 걷고 있다

점핑

발자국에 별이 내려 점점 꽃이 피었고

길 위에 핀 꽃이 올라 꽃별이 되었다

톡, 톡, 톡 점찍는 지팡이
천근이 꽃피는 길

요철이 뚜렷한 캄캄하게 흔들린 길

돌부리에 부딪쳐 돋을새김 하면서

몸으로 밀고 간 걸음
저릿저릿 걸어간다

까만 밤별 속삭임에 귀가 자꾸 커지면

사방 한 치 사각의 방 공간에 갇힌 남자

더듬이 촉수 늘이며
발가락을 펴는 아침

감전 바이러스

아무도 못 들었지
아무도 못 봤지

장맛비 빨아들여
단단해진 콘크리트 벽

그 아래 천 원짜리 비닐 옷 남루하게 걸친 사람

작년부터 그 자리에
서 있는 해직자들

목청껏 부른 노래
빗물에 흘러넘쳐

해고된 노동자 얼굴 노랗게 감전된다

말 없는 입
— 가족사진

어디에 가 있어요
그곳은 어디쯤이야

오손도손 모여앉은 정지된 시간 속에
어머니 앉은 그대로 평면 속에 담겼다

내 안의 호흡이 더운 숨에 붙은 거다
변곡점 계단마다 어깨 겯던 순간들

사진 속 모두를 껴안고
그 홀로 사라진 얼굴

간절한 눈빛으로 바라보는 푸른 마음
둘 사이 빈틈없이 새겨져 지나가던 말

안거 속 꿈길을 트는
그리운 그, 말 없는 이

등걸잠

비좁은 역 모퉁이
어둠이 짙어오면

신문지 한 장 들고
서성이는 그 사내

겉돌던 불빛 사이로 갈라진 손금 본다

매연에 오염된
바람을 걸친 채로

헐은 몸 뉘여 보는
길 위의 낯선 잠

구겨진 활자 속으로 두 눈을 가려본다

사내의 젖은 말을
받아주는 목구멍

소금기 말라붙은
신음 소리 삼켜가며

빈 술병 쓰러지듯이 생이 자꾸 넘어진다

하얀 기억

저 너머, 언덕 너머

회항할 수 없는 시간

채록된 길만 좇아 하얗게 진 눈물 자리

시간은 능청을 떨며

추억만 꺼내든다

찬 돌의 품위

용화사 암벽에 부처바위 앉아 있다
동자승 눈 비비며 꽃살문 살짝 열면

햇살에 미소 지으며
지긋이 웃는다

고라니 뿔 치받던 날 옷자락 펄럭이고
바람과 새의 수다가 귓바퀴에 날아와도

조금의 미동도 없는
바위 속 제자리

침묵의 앙금 덜며 경전에 눈길 둔다
속에 든 그 내력을 풀어낼 작정으로

보듬어 마주친 눈동자
소리 없이 스며든다

돌확

아버지 탯줄 묻은 시골집 수돗가 옆
할머니 몸 닮은 두루뭉술 빈 돌절구

혼자서
통통한 검은 피부
끌어안고 살고 있다

싸락눈 흩날리는 한겨울 문턱에서
돌확에 메주콩 절구질 하는 저녁

공이에
튕겨 나온 콩
오빠처럼 헤맨다

할머니 몸처럼 쓰임새 많던 돌절구
아이들 놀이터도 의자도 되어주던

돌확 속

고인 빗물에

내 몸도 비춰진다

명랑한 봄

전생을 밟고 와 앙가슴 내놓는다

땅속 살림 엉덩이로 지긋이 뭉개고

샛노란, 날개를 단다

명랑의 판본이다

터

어느 땅의 풀꽃인가
검은 피가 섞여 있다

죽어서도 살아야지
내 새끼를 살려야지

물속에
뛰어든 심청인 듯

제주바다
해녀들

사과의 바깥

혀끝에서 흔들린 꽃 떨어지듯 쏟아낸 말
너에게 갔다가 내게로 오기까지
목소리 입술에 매달고 하얀 꽃을 피운다

씨앗으로 달려가서 열매를 맺기까지
달빛 울음 잎사귀에 제 속을 키워가며
꿈꾸는 사과 한 알이 푸른 손을 내민다

사과의 얼굴에 핀 검은 무늬 검버섯
가죽이 늘어질 때 손톱을 감추고
사과꽃 이울 때까지 숨 고른 입자들

시간을 사는 동안 떫은 맛 끌어안고
넘어진 자리에서 땅 짚고 일어서 보니
뜬구름 흐르는 방향은 사과의 바깥이다

제3부

나비의 수요 집회

광화문 집회 현장
나비들이 날아든다

붉은 꽃
노란 꽃

꽃보다
웃음꽃

수요일
만남의 광장
사람꽃이 먼저다

행간을 읽다

다랑논
초록 물에
발 씻는
새 한 마리

물에 젖은
울음으로
무늬를
게워낸다

온종일
허리 굽힌 시간
페이지를
열고 닫고

비밀을 누설했다고요

한여름 긴 장마 끝나가고 있을 즈음
잡풀들 한 움큼 움켜잡고 뽑아 드니
흙 구멍
붉은 지렁이들
꼼틀꼼틀 놀라네

등껍질 투명한 옷 달팽이 몇 마리도
풀 그늘 이리저리 집 찾아 헤매네
헉! 그만
손에 움켜쥔 풀
털썩하고 내려놓네

붉은 쇠 가스관을 휘감은 덩굴손
흙쥐의 어둑한 방 가만히 두드리자
비밀을
죄다 누설하듯
뒤뜰 가득 웅성이네

눈물증후군

눈물인지 콧물인지 한강변 악어 운다
먹이를 먹으려고 과하게 삼켜버린

악어의
눈물증후군
침과 눈물 흘린다

아는 척 위장해 사채를 빌려 쓰고
다정히 찾아와 고소 직전 꼼수 쓰는

포식자
닭똥 같은 눈물
진심 아닌 거짓눈물

이긴 자는 패한 자, 약자 앞에 강한 자
위선적인 눈물과 거짓 동정 흘린 가식

뱃속에

삼키고 난 뒤

그를 위한 눈물 흘린다

甲甲한 유령

배보다 배꼽이 큰 실체 없는 그림자
실루엣 검은 유령 소리 없이 배달된다
몸체만 부풀어 올라 수직으로 각인된 몸

열아홉 살 아이는 눈꺼풀이 무겁다
24시간 영업하는 비정규직 알바생
다람쥐 쳇바퀴 돌리듯 밤과 낮을 돌듯

비좁은 작업장에 CCTV 깜박인다
하얗게 목청 높여 "인터넷에 하소연"
겁먹은 甲과 乙의 관계 동그랗게 각인된다

혀 없는 헛헛한 말 얼굴 없는 가면 속
자신의 모습이 공개되길 원치 않는
거울 속 안과 밖 거리 마주 보는 눈동자

여름 끝을 읽다

천중도 농(膿) 자리가
모독처럼 수척하다

반은 버려야 돼
우리도 끝물이야

막바지 당겼다, 놓는 것

제철 아닌
그 멋이
달다

발꿈치의 우아함

뭉툭한 신발 안에 젖어 엉긴 까치발
호수 위 백조처럼 들어 올린 발꿈치

기우뚱 발을 뗀 자리
기다렸다 간 흔적

한 걸음 내딛으며 마음을 감아올려
톡톡톡 토독톡톡 사뿐히 내딛을 때

층층이 한 뼘 올라간
발꿈치가 가벼워

중심을 잡기 위해 균형을 맞춰야지
저 멀리 수평선 향해 가슴을 활짝 펴고

든 만큼 가벼워진 몸
투명날개 솟는다

작은뿔사슴벌레의 긴 잠

내 얼굴 보여주니 날 보고 같이 웃어

하늘공원 층층 구름
홀로 잠든 그의 집에

화사한 꽃 문패 걸고 사진 한 장 넣었다

그 꽃집 사각의 뜰 구름이 몰려온 날

쉰 줄에 줄을 놓친
작은 뿔 사슴벌레

더 이상 자라지 않는 뿔을
잠 속에서 들이받네

피리를 불다

오동꽃 그늘 아래 들려오는 피리 소리
동굴 같은 목구멍에 가락을 불어넣어

사람의
입김으로만
혈이 트는 어둠의 방

바람 불고 폭우 내려 그늘 생긴 뒤척인 잎
한 그루 나무에서 가지 뻗고 꽃도 피었다

몸으로
들썩이다 간
피리 가락 새겨진 방

헛바람 심장에 닿을 수 없어서
어깨와 입술로 곡진히 받든다

뿌리에

가닿을 탄식

만파식적 피리 가락

역설

파밭 사이 바랭이 씨앗이 끼어들듯

콩밭 사이 우뚝 선 비름이 그러하듯

귀환은

궤도 밖으로

꿈꿀 때 완성되듯

잠만 자는 방

작은 품 곳간마다 덧대온 내력 안고
구석진 뒷문으로 드나드는 발자국
백열등 날이 새도록
그림자만 서성인다

켜켜이 괭이잠이 쌓여가던 그날 밤
문틈으로 들어온 불안을 움켜쥐고
헛디딘 무지개 속을
홀로 새며 보낸 시간

별이 뜬 하늘에 내일 향해 품어온 꿈
초록 세상 꿈꾸는 젊은이 숨 쉬는 곳
알바생
눈물 자는 방
비정규직 휴식처

지진 감정

지축이 흔들리자 벽 틈으로 사라졌다
여진은 360회, 아직도 진행 중

지상의
살찐 교만들이
움찔하며 오그라든다

혼령들의 심장이 대지에 눕고
바람이 갈라진 벽 사이를 배회했다

함부로
금 긋지 마라
호통 치는 대지의 주인

딱따구리

밧줄 묶은 고된 하루 먹빛 소리 매어놓고
수직 벼랑 움켜쥐고 딱따구리 부릴 쪼네
꽁지 끝 외줄에 기대
흔들리며 님나든 삶

달비계 의지한 채 잠시 잠깐 숨 돌리는
거품 문 유리 일터 그늘이 숨어 있네
빌딩 숲 외줄을 타고
헛발 디딘 젊은 아비

비탈이 심한 경사 더디 걷는 발걸음
땅을 밟은 발등 위로 가는 길 낯설어
제자리 착지했어도
한 발 떼기 길어지네

목마름의 시간

어둠을 자궁 삼은 씨앗의 기다림

토란은 늪에서 이천 년을 기다리고, 소리 없는 연꽃 씨앗 반짝임을 잎에 품고, 애타는 목마름의 시간 시작과 끝이 하나다

발아는 씨앗의 시간
비상을 꿈꾼다

도어(刀魚)

물 밑에 환하게 선
수천의 칼자루

달의 혈관이
수면에 도드라질 때

매듭을
짓고 푸는 일
번번이 헛칼이라니

뫼비우스의 띠

손가락에 맞게 끼운 반지는 뜨겁다
반대 방향 좌우로 향하던 원환의 점
직선의 양끝을 구부려 원형대로 만난다

둥근 고리 아이링 손끝에 닿는 시간
비워 있는 공간으로 통하는 미지의 세계
뜨거운 긍정의 침묵, 만남을 펼쳐본다

구멍은 비워줘야 서로 다시 만날 수 있다
어두운 방 밝혀주는 흔들리는 촛불처럼
닮은꼴 뫼비우스 띠 구멍으로 들고 난다

제4부

물끄러미

풀잎 하나 여릿여릿 흔들림을 보고 있다

풀잎의 흔들림이 내게로 건너왔으니

빛나는
문장 하나 품고
하루 종일
지켜보리라

꽃피는 가난

산안개 내려앉은 한적한 외딴 동네
녹이 슨 양철지붕 라구완* 작은 학교

아이들
한 칸 교실에
올망졸망 피어 있다

내일을 뒤로한 채 포탄 소리 산 울리는
하루 종일 숙인 허리 뼛속까지 짠물 들어

식민지
해 진 자리마다
소금꽃 돋고 있다

교실 앞 창문 사이 허기진 봄날 버짐
달러를 구걸하며 손 내미는 까만 소녀

생을 건

흰 울음 밀고

또 하루를 넘어간다

---

*라구완: 라오스에 있는 시골 마을 작은 학교.

같은 강물

뗏목을 타려고
모여든 사람들과

두 손을 꼭 쥐고, 묵언으로 흐르는

두만강 뗏목 위 '아리랑'이
물속에 섞이고 있네

백두산 천지에서
흘러온 그 강의 길

몰입해온 물밑은 반쪽*으로 나뉘었지만

강물의 한소리 호흡을
화음처럼 받아 듣네

---

* 두만강의 반쪽은 북한 땅이고, 반쪽은 중국 땅이라고 한다.

4호선

투구인지 가면인지
얼굴마다 걸친 사람들

역마다 터졌다 채워지는 공기 입자들

파란 띠
허리에 두르고
바다로 달려간다

나무의 연애

바다가 그리워 바다 향해 팔을 뻗고
새들도 잠든 새벽 수평선을 바라본다

허공 속 구름을 껴안아
한 뼘 키를 늘리고

새들은 우듬지에 둥지를 틀고
바람 따라 불러보는 흩어진 목청

숲으로 자란 팔 늘여
체위를 바꾸는 잎

떨어진 잎사귀에 사연을 쓸어 모아
온종일 근린공원 소곤대는 목소리

바람은 비질을 하며
대지에 편지를 쓴다

이파리에 엉겨 있는 바람의 부레들
부드럽게 속삭여 결마다 반짝인다

웃자란 뿌리의 기록
고요하게 뻗어 있다

눈뜬 별과 대화
— 이도백하 가는 길에서

궤도를 돌고 돌아 달빛 타고 내려온 별
꽃으로 피었다가 눈물로 피었다가

구름밭
내려놓은 울음

물 떼처럼 흘러가네

소곤대는 속삭임 별의 말이 꽃이 되고
마주한 눈빛 언어 이마 위에 펼친 시간

우주 속
별 마중 나가

백두 음성 당겨 듣네

루앙프라방 아침 재래시장

오래된 신의 사원 사람들이 웅성인다

낙타 등에 짊어진 지중해의 과일들, 싱싱한 고랭지 채소가 내려진다 그늘막 좌대에는 메콩강의 비린 냄새, 어부의 손에 잡힌 생선들이 누워 있다 작은 시장 골목길 장인의 손끝에서, 나무악기 만들어져 딸각이는 가락 소리와 이방인의 언어가 분주하게 오가며 낯선 곳의 향기가 코끝을 깨운다 한 모퉁이 리어카 풀빵 틀 위 햇빛이 쏟아지고 꾸러미 양식을 든 분주한 손 계산이 느려진다 왁자한 흥정 소리 들릴 듯 말 듯 사라질 때

가벼운 동자승 탁발
골목을 돌아오는

동굴

탐낭 동굴 벽에는 코끼리 화석이 산다
초원을 가로질러 광야를 행군하고

예감된
죽음의 시간
찾아드는 동굴 속

바위 속을 걸어간 코끼리 긴 행렬
초승달 뜬 모래벌판 동굴 속에서 웅성인다

한때는
시끌벅적한
하늘까지 머리에 이고

태곳적 가진 긴 코 살아있는 동굴에서
생생하게 들려오는 코끼리 울음소리

동굴 벽

원주민들이

활과 창을 내민다

내 마음속 굴참나무

뭣 모를 열아홉에 먼 길 떠난 어머니
무의식 꿈속에서 뒷짐 지고 나타나선
무표정 침묵으로만 서성이다 돌아선다

삭은 껍질 우듬지가 하루하루 말라가며
살아온 세월만큼 헛디딘 발자국
묵묵히 장엄해지는 내 마음속 굴참나무

피사의 사탑같이

— 척추

아무리 퍼부어도 물이 고이지 않던
천일 달빛 지고도 휘청이지 않던

와르르 흘러내린 곳
흰 뼈가 누워 있다

틈이 생긴 5번 기둥 척주가 기울고
중심축 수직인 세상 골격이 흔들려

침묵의 뼛속 동굴엔
마음 베는 파도가 쳤다

걸어가는 사람*

천년 꽃그늘 아래 잠들었다 깨곤 한다
아브라함과 사라처럼 꽃에 기댄 사람들
길 위에 발바닥 지도 펼쳐보며 걷는다

기울어진 세월에 꽃향기를 맡으며
잃어버린 먼 곳을 다시 찾은 인연들
아침의 빛을 향한 걸음 나귀처럼 확고하다

사는 동안 불을 켠 채 잠에 들고 꿈을 찾아
향한 곳을 바라보며 뚜벅뚜벅 딛는 걸음
낯선 길 대지와 숨 섞는 가열한 투쟁이다

순례길 대지에 선 눈부신 걸음 앞에
눈뜨고 가는 길 연기처럼 아른거려도
방향은 자신을 향하여 기울이는 간절함

펼친 길 위 걸어가는 맨발의 표정들이
직립으로 견디는 가잠의 시간들

일생을 걷는다는 건,

자신 속으로 들어가는 일

---

*알베르토 자코메티 作.

바니타스 1
— 아비뇽의 아가씨들

싱싱한 과육과 관능적인 육체들

홍등 켜진 방 안에 다섯의 여인아 투명하게 흘러내린 실루엣의 가벼움 초점 잃은 시선이 흐릿하고 위태롭다 테이블 위에 놓인 포도와 사과 농익은 수박이 시간 속에 뭉개지고, 원시의 가면을 눌러쓴 여인들 과육을 앞에 둔 채 포즈 취한 재능이라

음악은 허공에 흩어져도
무희들은 춤을 춘다

바니타스 2
— 마지막 소풍

문턱 넘어 어딜 가시나, 뒤통수에 눈물 달고

리본에 묶인 꽃들 영안실에 줄을 선다 포르말린 젖어서 창백하게 누워 있는, 발목을 묶어 버선코에 달린 눈물 다 꺾인 국화꽃 들고 모여드는 발자국, 소풍을 준비하고 귓바퀴 활짝 열어 둥둥둥 떠도는 세상 소릴 듣는다

시간을 베고 누운 사람
표본처럼 말이 없네

꽃돌

몸부림이 살아있다
꼬리를 못 감춘

숲으로 사라지다 감금된 비명처럼

이천 년 꿈틀댄 시차
백악기 공룡 화석

바람이 읽고 가는
켜로 쌓인 나날들

조금씩 지워가는 시간이 들어 있다

하르르 불사른 채로
남아 있는 생의 무늬

692번지 빈집

오래 산 집에서는
소리도 잠겨 있다

얼마나 많은 사람
기척들이 살았는지

먼발치
아련한 손때들
내가 산 집 분명했다

마트료시카

몇 겹의 슬픔 위에 덧입혀진 표정들이

하나의 얼굴로 화석이 되어간다

진화와
퇴화의 시간

함부로
열지 마라

해설

응시와 고요의 온기를 꿈꾸는 시

신상조 문학평론가

1. 빛나는 문장을 품고서 '물끄러미' 지켜보다

기술의 발달로 세계가 지나치게 가까워졌다. 대상들 간의 비밀이 허용되지 않는 세상은 공적인 영역에서조차 사적인 삶의 노출로 가득 찬 느낌이다. 실시간으로 전송되는 이미지가 곧 그 사람의 정체성을 대변한다. 아니 정체성으로 착각된다. 사람과 사람 간의 관계는 SNS의 친구 맺기 기능처럼 '예'와 '아니오'로 노골적이고 즉각적이 되었다. 이미지가 끌어당기는 매혹의 비인격적인 요소가 자본주의적이듯, "친구 맺기 기능과 같은 이 시대의 관계 맺기는 화폐와 매우 유사한 성격"을 갖는다. 요컨대 '나는 너의 친구이다'라는 문장이 표명하고 수락하는 관계 맺기의 과정은 "철저히 교환에 의거한 것이므로, 이제 사람과 사람 사이의 만남은 경제학에 걸맞은 은유"(유운성, 『유령과 파수꾼들』)가 되었다. 내면에서 경험되지 못하는 모든 '관계'는 끌림도 확신도 없이 만남을 이어가는 연인처럼 한없이 사소하고 권태롭다.

홀로됨의 불안과 두려움으로부터 비롯한 세계의 가까움은, 역설적이게도 관계의 멂과 삶의 공허함을 드러낸다. 존재에 대한 숙고로부터 출발하는 임영숙의 시가 응시의 고요함으로 빛나는 이유란, 이러한 세계의 소란에 있다. 서정적 가락과 시적 보법으로 표출되는 임영숙의 시는 삶의 국면에 다양한 관심을 갖지만, 그중에서도 이번 시집의 가장 큰 특징은 대상에 관심을 보일 때 드러나는 화자의 곡진한 태도로 수렴될 수 있을 듯하다. 그의 시에서 대상은 주체의 가장 내밀한 곳 한가운데 존재하며, 주체와 대상의 관계는 대상에 대한 '나'의 정적이고도 무심해 보이는 환대, 혹은 존재 그대로의 모습으로 다가온 '너'를 바라보는 화자 태도의 심미적 형상화로 드러난다.

풀잎 하나 여릿여릿 흔들림을 보고 있다

풀잎의 흔들림이 내게로 건너왔으니

빛나는

문장 하나 품고

하루 종일

지켜보리라

—「물끄러미」 전문

아침과 낮 사이 두 계절이 오고 갑니다

바람결은 겨울인데

햇살은 봄이지요

노오란 유채꽃밭 사이 그녀가 달려옵니다

해마다 사월이면 그녀를 만나는데요

황소 눈물 괸 마당 끝

노란 물로 허기진 얼굴

내 속에

아른대는 그날을

물끄러미 보고 섰다

—「어느 봄날」 전문

「물끄러미」는 단형시조의 정제된 미학을 단아하게 성취하고 있다. 화자가 하루 종일 지켜보는 것은 무수한 '풀들' 가운데 다만 풀잎 '하나'이다. 작다면 작고 사소하다면 사소한 풀잎 '하나'는, 그러나 "풀잎의 흔들림이 내게로 건너왔"다는 표현으로 말미암아 주체와 대상 사이에 미묘한 정동이 발생했음을 드러낸다. 이는 작고 사소한 풀이 소중하고 고유한 개별자로 화자에 의해 발견되었다는 말에 다름 아니다. 이럴 경우 사용할 수 있는 말이 예술적 영감일 것이다. 예술적 영감이란 인간의 이성적 인식을 넘어서는 신비롭고 강렬한 감각이다. 시인은 풀잎 하나가 흔들리는 모습에서 사물의 깊이를 체험하며 예술적 감각에 젖어든다. 그는 풀잎이 바람에 흔들리는 모양을 흉내 낸 고유어 '여릿여릿'으로써 그 '하나'인 풀잎의 속성을 일차적으로 체험한다. '여릿여릿'은 대상의 '흔들림'을 발견한 시인의 심미적 체험이다.

시에서 화자는 '빛나는 문장'을 품은 채 이 풀잎을 하루 종일 지켜보리라고 말한다. 이는 곧 바라보고 있는 사물에 알맞은 이름을 부여해주고 싶다는 화자의 소망과 통한다. 주목할 점은 화자가 대상을 바라보는 태도를 의미하는 시의 제목이다. '물끄러미'는 우두커니 한곳만 바라보는 모양을 뜻한다. 즉 임영숙의 시는 대상의 표면적 이미지에 사로잡히는 것이 아니라 대상을 자신의 내면 앞에 두는 것에서, 그리고 대상과의 간극을 향유하는 것에서부터 출발한다. 대상에 알맞은 언어를 부여해주고자 하는 화자의 열망이 곡진할수록, 대상의 속성인 '흔들림'은 주체에 곧바로 흡수되어 명명되거나 해석되기를 주저한다. 주체와 대상 사이의 간극은 지나치게 좁혀지지도, 쉽게 사라지지도 않는다. 대상을 대하는 화자의 이러한 태도는 '물끄러미'라는 시의 제목과 긴밀히 결부됨으로써 독특한 심미적 가치를 생성한다.

「어느 봄날」에서도 대상을 물끄러미 바라보는 화자의 태도는 확인된다. 해마다 사월이면 찾아온다는 그녀는 화자에게 '황소 눈물'과 '허기진 얼굴'로 기억되는 존재다. 여기에는 '눈물'과 '허기'가 내포하는 슬픈 인간사를 망각할 수 없는 화자의 처연한 내면이 함의되어 있다. 시인은 오랜 세월 지속적으로 환기되는 이와 같은 슬픔을 "내 속에/아른대는 그날"이라는 구절로 담아낸다. 이는 한 존재에 대한 기억을 자신의 내부에서 녹여낸 생의 흔적이다.

과거의 각별했던 경험이 기억에 각인된 채 해마다 현재화한다는 것은, 타자와 관련한 시인 삶의 내력이 무감각한 현실의 막을 찢고 무대 앞으로 출현한다는 의미이다. 그리고 이 타자의 흔적이야말로 자기 자신 속에 내재하는 임영숙 시의 '타자성'이다. 거울 속에 이미지가 존재하지만 그 이미지가 존재 자체는 아니듯, 이 타자성은 화자로부터 기인하지만 화자에게

진정 속한 것은 아니다. 때문에 임영숙의 시는 대상과 더불어 존재하면서 대상과 '나' 사이의 간극을 '물끄러미'라는 태도로써 기꺼이 인정한다. 이는 "뿌리에서 가시까지/기어이 밀고 올라온//돌올한 지난 일들이/울컥울컥 꽃이 된다"(「꽃피다」)는 역설과도 일맥상통한다. 비애와 그늘로 응어리진 삶을 '꽃피다'라고 표현할 수 있는 사람은 대상과의 거리를 인정하는 동시에, 그에게서 발견되는 생의 속내를 따뜻한 서정으로 감싸 안으려는 자이다. 대상을 합리적으로 이해하려고 하기보다 '물끄러미' 지켜보는 태도. 여기에는 임영숙 시의 방식과 존재의 의미, 그리고 대상을 둘러싼 시적 조건이 암시되어 있다.

2. 푸른 은하를 건너 '너'를 기록하다

그리스 신화에 나오는 영웅 테세우스가 들어간 미궁의 문은 "누구에게나 보이는 것이 아니라 들어가고자 하는 사람에게만 존재하고 열리는 문"이다. 신화의 상징적인 의미를 떠올릴 때 흔히 미궁은 '자신의 본질을 추구하는 인간의 내적 여행'을 상징하곤 한다. 이 논의를 확장해서 「시」에서의 '행간'을 미궁의 문에 대응시켜 보자. "한 칸씩 짚고 건너는//원고지"는 임영숙의 시가 추구하는 '시적 여행'을 상징한다.

문자로 찍고 가는
흘러가는 문장들

행간에 기대서 그대 기록 펼쳐간다

한 칸씩 짚고 건너는

원고지 위
푸른 은하

—「시」 전문

원고지 한 칸 한 칸은 "자기 존재를 투영하는 공간, 스스로를 위무하는 내면적 필요성으로서의 공간, 근원적이고 본질적인 것으로서의 공간, 순간의 황홀경을 경험하는 공간 그 어느 것으로든 가능"하다. 그런데 시인은 이 원고지 한 칸 한 칸의 공간을 짚고 건너게 만드는 아리아드네의 실타래가 '문자로 이루어진 문장'이고, 비밀의 방에 이르기 위해 길게 이어진 미로가 '푸른 은하'라고 상상한다.

'푸른 은하'가 환기하는 이미지는 더할 수 없이 신비스럽지만, 다음과 같은 시적 대상들은 이 은하가 강파른 현실을 건너며 흘리는 눈물의 미적 형상화일 수도 있다는 단서를 제공한다. 과연 시인이 열어젖힌 비밀의 방에는 신화 속 괴물처럼 사방 한 치 사각의 방 공간에 갇힌 '맹인 남자'가 거주한다.

발자국에 별이 내려 점점 꽃이 피었고

길 위에 핀 꽃이 올라 꽃별이 되었다

톡, 톡, 톡 점찍는 지팡이
천근이 꽃피는 길

요철이 뚜렷한 캄캄하게 흔들린 길

돌부리에 부딪쳐 돋을새김 하면서

몸으로 밀고 간 걸음
저릿저릿 걸어간다

까만 밤별 속삭임에 귀가 자꾸 커지면

사방 한 치 사각의 방 공간에 갇힌 남자

더듬이 촉수 늘이며
발가락을 펴는 아침

—「점핑」 전문

'점핑(jumping)'은 육상의 필드 경기 가운데 하나다. 경기의 종류로 멀리뛰기, 높이뛰기, 장대높이뛰기, 세단뛰기 따위가 있지만, 왠지 시에서의 점핑은 '도약하다'란 의미로 사용했을 것 같은 느낌이다. 이는 일차적으로는 "사방 한 치 사각의 방 공간에 갇힌" 눈 먼 남자가 지팡이로 짚으며 더듬너듬 걸어간 "캄캄한 길"과 "돌부리에 부딪혀"가며 "밀고 가는" 위태로운 걸음을 그저 바라만 볼 수밖에 없다는 무력감에서 비롯한다. 혹은 "사방 한 치 사각의 방 공간에 갇힌 남자"가 "까만 밤별 속삭임에 귀가 자꾸 커지"다 못해 아예 답답한 방을 점핑하듯 탈출하기를 소원하리라는 상상이 빚어내는 감각이기도 하다. 이 같은 우리의 심정에 동조하듯 시는 "톡, 톡, 톡 점찍는 지팡이/천근이 꽃피는 길"이라며 눈먼 이—우리—의 상상을 아름답게 구체화한다. 이는 눈먼 이로 표상되는 대상의 위태로운 걸음을 꽃피게 함으로써 타자의 삶에 생명감을 덧입히고자 하는 시인의 지향성을 드러낸다.

멀리 뛰고 높이 뛰고 장대로 높이 뛰고 세단뛰기 하듯, 부정적으로 주어진 모든 삶의 조건이 비바람을 이겨낸 꽃으로 피어난다. "넘어지지 않으려면 기울 줄 알아야지//하루를 부여잡고/휘어지는 풀잎처럼//기우뚱 한 뼘 부력으로/다시 서는/오뚝이"(「기우뚱 서다」)라고 시인은 노래한다. 한없이 바닥으로 가라앉는 삶을 오뚝이처럼 다시 일으켜 세우려는 이 운동성이야말로, 표면적으로는 매우 정적인 임영숙의 시가 가진 내적 운동태이다.

그 외에도 시인이 강파른 현실의 '푸른 은하'를 건너며 만나는 대상들에는 신촌역 보도블록 위 '거리의 악사'(「거리 악사」), 천 원짜리 비닐 옷을 입고 장맛비를 맞으며 노래하는 '해직자들'(「감전 바이러스」), 신문지 한 장 들고 서성이다 "길 위의 낯선 잠"을 청하는 술에 취한 '노숙자'(「등결잠」), "내 새끼"를 기르기 위해 목숨 걸고 물속에 뛰어드는 '제주바다 해녀들'(「터」), "무저갱" 같은 방에서 초록 세상을 꿈꾸며 눈물로 잠드는 '비정규직 노동자'(「잠만 자는 방」) 등이 존재한다. 이들을 통해 시인이 고발하고 극복하려는 현실은 무엇일까? 대상들이 발 딛고 선 가난이 현실의 모순에 대한 시인의 고민을 보여준다.

산안개 내려앉은 한적한 외딴 동네
녹이 슨 양철지붕 라구완 작은 학교

아이들
한 칸 교실에
올망졸망 피어 있다

내일을 뒤로한 채 포탄 소리 산 울리는
하루 종일 숙인 허리 뼛속까지 짠물 들어

식민지
해 진 자리마다
소금꽃 돋고 있다

교실 앞 창문 사이 허기진 봄날 버짐
달러를 구걸하며 손 내미는 까만 소녀

생을 건
흰 울음 밀고
또 하루를 넘어간다

—「꽃피는 가난」 전문

밧줄 묶은 고된 하루 먹빛 소리 매어놓고
수직 벼랑 움켜쥐고 딱따구리 부릴 쪼네
꽁지 끝 외줄에 기대
흔들리며 넘나든 삶

달비계 의지한 채 잠시 잠깐 숨 돌리는
거품 문 유리 일터 그늘이 숨어 있네

빌딩 숲 외줄을 타고
헛발 디딘 젊은 아비

비탈이 심한 경사 더디 걷는 발걸음
땅을 밟은 발등 위로 가는 길 낯설어
제자리 착지했어도
한 발 띄기 길어지네

—「딱따구리」 전문

이 두 편의 시는 국경을 불문한 가난을 다루고 있다. 부정성을 긍정성으로 '꽃피우는' 역설은 임영숙 시의 특징이다. 그러나 「꽃피는 가난」에서의 꽃은 고통의 결정체인 '소금꽃'이고, 달비계에 의지한 채 빌딩 숲에서 외줄을 타는 노동자의 삶 역시 소금꽃처럼 짜디짜다. 달러를 구걸하는 소녀의 검은 피부와는 대조적인 '소금꽃'과 '버짐'과 '흰 울음'으로 이어지는 하얀 이미저리는 순백의 연민을 불러일으킨다. 거대한 빌딩에 매달린 노동자를 "꽁지 끝 외줄에" 기댄 딱따구리에 비유한 시적 상상력은 또 어떠한가. '수직 벼랑' 위에서 '외줄'과 '헛발' 사이에 놓인 젊은 아비의 왜소한 삶은 한없이 위태롭다. 연민과 불안의 감각으로 가닿는 인간 현실의 밑바닥에는 이처럼 '가난'이 도사리고 있다.

가난한 사람들을 바라보는 시인의 시선은 따뜻하지만 감정이 과다하게 노출되지 않고 균형을 이룬다. 시에서 소외된 대상들의 비중이 큰 관습적이고 감상적인 쓰기여서가 아니다. 시는 무엇을 할 수 있는가를 말해주기보다 무엇을 보여줌으로써 질문을 생산한다. 그러한 쓰기에는 현실을 객관적으로 제시함으로써 시적 리얼리티를 확보하고자 하는 시인의 의도가 내포되어 있다. 즉, 대상에 대한 묘사와 그로부터 비롯하는 화자의 인식과 정서를 뒤섞음으로써 임영숙의 시는 시대적 삶의 상처와 소외 의식을 부각시키고자 노력한다.

3. 흔적 없는 고요를 꿈꾸다

시는 지구처럼 둥글다. 동요의 가사처럼 자꾸 걸어 나가서 '나'로부터 가장 멀어진 자리에 도착하면 결국 거기에는 다시 시적 주체인 '나'가 있다. 그렇다면 '그대'에 관해 '기록'하며 타자로 타자로 나아가던 임영숙의 시가 도착한 자리에는 무엇이 있을까? 다음의 시 두 편은 사물에 대한 깊이 있는 관찰로써 자기성찰의 지표를 마련하고 자신의 견성에 이르는 시인의 시적 모색을 보여준다.

마음으로 한 말은 깊숙이 스며든다
물 위를 걸어가는 표—면—장—력 추적자

일생을 말하고 다녀도
흔적 없는 저 화법

—「소금쟁이 화법」 전문

귓바퀴 감아 올린 묵직한 호른처럼
깊숙한 동굴 속에 소리 담는 달팽이관
휘어진 관 속을 채워 말아 올린 한소리

왼쪽 귀 달팽이관 미루나무 한 그루
하루는 새가 와서 지치도록 울다 갔다
새들의 언어를 두고
그림자가 출렁였지

빗속을 느릿느릿 걸어가는 느림보
이따금 삭제되며 사라지는 묵음들
생명선
더듬이 세워
고요 한껏 담는다

—「달팽이의 청음」 전문

「소금쟁이 화법」과 「달팽이의 청음」은 곤충의 특성에 대한 세심한 관찰과 그에 따른 사색이 주제와 밀접한 관련을 갖는다. 요컨대 가벼움과 느림을 특징으로 하는 두 곤충을 중심으로 한 시인의 상상력은, '쓰기'와 관련한 그의 시적 욕망이 자신을 성찰하는 사유의 깊이와 맥락을 같이함을 드러낸다.

먼저 「소금쟁이 화법」에서 시인은 영혼 깊숙이 '스며드는 언어'에 대해 언급한다. 영혼에 스며드는 깊고 진지한 언어의 반대편에는 내면의 울림을 갖지 못하는 얕고 가벼운 언어가 있다. 소금쟁이는 하천이나 저수지의 물 위에서 생활하는 생물로, 부드러운 방수성 털이 있어 수면 위를 가볍게 떠다닐 수 있다. 물 위를 걸어 다닐 수 있는 소금쟁이의 멋진 보법은, 얼핏 보기에 영혼 깊숙이 스며들지 못하는 얕고 피상적인 언어를 비유하는 듯하다.

그러나 "마음으로 한 말은 깊숙이 스며는다"는 구절은 스며들지 못하는 말이야말로 마음에 상처(흔적)를 남기는 폭력적 언어임을 시사한다. 상대방에게 정신적으로 해를 가하는 언어와 육체적으로 해를 가하는 무법적 행위는 동일하다. 이러한 보편적 진실은 임영숙의 시가 추구하는 진실과 다르지 않다. 따라서 시인은 "일생을 말하고 다녀도/흔적 없는" 소금쟁이의 보법을 닮은 '한 줄' 시를 얻기 위해 소금쟁이를 관찰하고 그것에 투사된 내면적 상상을 원고지에 옮겨 적는다.

「소금쟁이 화법」이 '말하기'와 연결된다면, 「달팽이의 청음」은 '듣기'와 상관한다. 청각을 감지하는 우리 몸의 기관을 '달팽이관'이라고 지칭하는 데서도 짐작할 수 있듯이, 시에서 이 곤충의 외양 전부는 소리를 감지하는 기관으로 기능한다. 그런데 귓바퀴를 말아 올린 호른과도 같고 깊숙한 동굴과도 같은 달팽이의 몸속에 담긴 소리는 "미루나무 한 그루"가 서 있는 풍경이다. 물론 시는 하루 종일 울고 가는 새들의 언어에 달팽이의 '그림자'가 잠깐 흔들린 적도 있노라 고백한다. 그림자는 시적 주체가 평생 숨기고 싶은 트라우마일 수도, 누군가를 사랑하거나 증오하는 일일 수도 있다. 하지만 그림자를 출렁이게 하던 온갖 소리는 '삭제'되어 버리고 시에는 미루나무 한 그루로 상징되는 '고요'만이 남는다. 이는 햇살의 미소에도 "바위 속 제자리"(「찬 돌의 품위」)에 머무는 부처바위의 '품위'를 닮아 있다.

용화사 암벽에 부처바위 앉아 있다
동자승 눈 비비며 꽃살문 살짝 열면

햇살에 미소 지으며
지긋이 웃는다

고라니 뿔 치받던 날 옷자락 펄럭이고
바람과 새의 수다가 귓바퀴에 날아와도

조금의 미동도 없는

바위 속 제자리

침묵의 앙금 덜며 경전에 눈길 둔다
속에 든 그 내력을 풀어낼 작정으로

보듬어 마주친 눈동자
소리 없이 스며든다

—「찬 돌의 품위」 전문

「달팽이의 청음」과 「찬 돌의 품위」가 보여주는 고요한 내면의 풍경은 현란한 수사나 이미지의 과잉을 모르는 임영숙의 담담한 시세계를 닮았다. 내면적 성찰로 수렴되는 그의 시는 실존적인 고뇌나 거창하고 관념적인 주제에서 오는 것이 아니라 타자들의 삶과 주변 사물의 특성을 관찰함으로써 얻어진다. 흔히 일상을 소재로 하는 시들이 사변적인 정서에 매몰되어 버리는 것과 달리, 그의 시는 삶의 통증을 내색하지 않고 타자들의 신산한 삶을 그저 바라볼 뿐이다. 이런 면에서 임영숙의 시는 이지적이고 객관적이다.

달팽이처럼 "느릿느릿" 느림보 걸음으로 걷지만 "고요 한껏 담는" 단단한 긴장을 유지한 채 시인은 광대한 시의 세계를 종단하고 있다. 감정의 습기를 제거하고 대상과의 거리를 유지함으로써 따뜻할 수 있음은 임영숙의 시가 보여줄 수 있는 특유의 영역임에 틀림없다. 또한 대상에 대한 관찰과 해석 사이에서 발생하는 유추와 상상의 폭도 그의 시가 성실하게 노력하는 시임을 증명한다. 무엇보다 그의 시는 독자와 맑고 정결한 언어로 소통한다. 그것만으로도 이 시집의 가치는 충분하다.

이 도서의 국립중앙도서관 출판시도서목록(CIP)은 서지정보유통지원시스템 홈페이지(http://seoji.nl.go.kr)와 국가자료공동목록시스템(http://www.nl.go.kr/kolisnet)에서 이용하실 수 있습니다.(CIP제어번호: CIP2020039248)

문학의전당 시인선 0330

풀잎의 흔들림이 내게 건너왔으니

ⓒ 임영숙

초판 1쇄 인쇄 2020년 9월 21일
초판 1쇄 발행 2020년 9월 28일
지은이 임영숙
펴낸이 김석봉
디자인 헤이존
펴낸곳 문학의전당
출판등록 제448-251002012000043호
주소 충북 단양군 적성면 도곡파랑로 178
전화 043-421-1977
전자우편 sbpoem@naver.com

ISBN 979-11-5896-484-9 03810